AF264116

LETTRE

DE LA SOCIÉTÉ

DES AMIS DE LA CONSTITUTION,

Aux Sociétés qui lui font affiliées.

——————

Messieurs,

Le patriotifme des Amis de la Conftitution a plufieurs fois fauvé la France ; toujours il a déconcerté les projets des factieux, & affermi

A

la liberté : mais la vigilance, le zèle, le courage ne furent jamais plus nécessaires que dans ce moment. Un nouveau complot menace cette Constitution que nous avons juré de défendre. Les ennemis acharnés du bien public redoublent leurs criminelles tentatives. Ils devroient, certes, être rebutés par le peu de succès de leurs efforts : ils devroient enfin sentir que, malgré leurs vaines fureurs, l'édifice du bonheur public sera élevé jusqu'au faîte par les mains hardies qui en posèrent les fondemens. Jusqu'à présent, projets de contre-révolution, manœuvres pour soulever l'armée, menées pour empêcher la perception des impôts, pour anéantir le crédit public, pour introduire le désordre dans les finances ; rien ne leur a réussi : l'énergie du Peuple & la fermeté de l'Assemblée Nationale ont fait échouer leurs coupables entreprises. Un seul espoir leur reste : il est affreux cet espoir. Ils se flattent d'allumer une guerre de religion ; ils ont le projet barbare d'armer le fanatisme contre cette Constitution qu'ils détestent & qu'ils voudroient renverser. Peuvent - ils espérer qu'au milieu d'un siècle tolérant & éclairé, l'aveugle superstition fera couler des flots de sang ; & que l'anarchie, les dissentions civiles ramèneront le règne de l'aristocratie qu'ils regrettent encore ? Ils se flattent pourtant de parvenir à leur but, en répandant, dans ces nombreux libelles dont ils inondent la France, que l'Assemblée Nationale a outre-passé ses pouvoirs, lorsqu'elle a fixé la Constitution civile du clergé. Cette allégation, Messieurs, est

(3)

fauſſe & criminelle : ce Décret ne peut nulle-
ment alarmer les conſciences. Les Repréſentans
du Peuple françois ont uniquement prononcé
ſur le temporel, & ont exercé le même pouvoir
dont nos Rois ont joui, comme légiſlateurs
proviſoires, avant que les droits de la Nation
fuſſent ſolennellement reconnus & établis.
Pénétrée du reſpect le plus profond pour les
dogmes de la foi, l'Aſſemblée, par le Décret
du 13 avril 1790, a déclaré formellement,
« qu'elle n'a & ne peut avoir aucun pouvoir à
» exercer ſur les conſciences & ſur les opinions reli-
» gieuſes; & que la majeſté de la religion & le
» reſpect qui lui eſt dû ne permettent point qu'elle
» devienne un ſujet de délibération ». C'eſt donc
à tort que les ennemis de la Conſtitution ré-
pandent, avec affectation, que l'Aſſemblée
Nationale veut détruire le culte de nos Pères.
Quelle abſurde calomnie! Quoi! ils veulent
détruire la religion, ceux qui ont ramené les
temps de la primitive égliſe, en faiſant élire
les paſteurs par les fidèles confiés à leurs ſoins;
ceux qui ont forcé les eccléſiaſtiques à avoir
déſormais du mérite, pour devenir des fonctionnaires publics; ceux qui ont placé les
miniſtres des autels entre une ſcandaleuſe
opulence & une humiliante pauvreté; ceux
enfin qui ont mis les frais du culte au premier
rang des dépenſes publiques! Jamais, au
contraire, la religion ne fut plus reſpectée :
ſon empire ſera déſormais fondé ſur l'égalité
& la tolérance, & les vertus de ſes miniſtres
en feront le plus ferme appui.

A 2

Par quelle fatalité une partie des ecclé-siastiques fonctionnaires publics, membres de l'Assemblée Nationale, n'a - t - elle pas été frappée de ces vérités importantes ? Comment ont-ils pu se refuser à prêter le serment ordonné par la loi ? Plusieurs d'entr'eux ont été entraînés, nous nous plaisons à le croire, par des scrupules déplacés, par les impulsions d'une conscience égarée ; mais n'en est-il pas aussi qui, plus dociles peut-être à la voix des préjugés & de l'intérêt personnel, qu'à celle de la justice & de la vérité, se sont ligués avec les ennemis de la Constitution, dont ils servent les coupables projets ? Quoi qu'il en soit, nous devons craindre que l'exemple contagieux de la désobéissance aux lois ne se propage dans les Départemens. C'est dans un moment où les consciences peuvent être agitées par la super-stition & la méchanceté, qu'il faut que les sociétés des Amis de la Constitution s'arment de prudence & de courage pour prévenir les malheurs qui peuvent nous menacer. Nous vous en conjurons, Messieurs, & la patrie vous l'ordonne. Employez tous les moyens que vous inspirera votre patriotisme, pour faire régner le calme dans vos contrées, & obtenir l'obéissance aux Décrets de l'Assemblée Nationale. Conjurez les ministres des autels de ne pas prêcher la guerre au nom du Dieu de paix. Rassurez les esprits foibles sur les intentions vraiment pures des Représentans de la Nation. Parlez à tous les citoyens le langage de la raison : la raison fonda la Consti-tution françoise : c'est à elle à l'affermir. Re-

(5)

préfentez-leur combien les diffentions civiles
font défaftreufes, & fur-tout de quels horribles
maux la religion a fouvent été le prétexte.
Redoublez de zèle & de vigilance pour éviter
les défordres, & affurer la tranquillité publi-
que; craignez que le Peuple, égaré par l'amour
de la liberté, ne fe livre à quelques excès
contre les eccléfiaftiques qui refuferoient de
prêter leur ferment. Modérez fon indignation :
dites-lui que la moindre violence contre les
miniftres du culte pourroit rendre intéreffans
aux yeux de la fuperftition, des rebelles à la
volonté nationale. Faites-lui fentir que ces
miniftres, victimes de leur orgueil & de leur
opiniâtreté, feroient décorés, par les pertur-
bateurs du repos public, du beau nom de
martyrs de la religion. Qu'il foit convaincu,
ce Peuple que l'on veut tromper, que la per-
fécution anime le fanatifme, & que la tolérance
le détruit; qu'il foit bien pénétré de cette
grande vérité, que la révolution eft achevée,
que l'empire des lois eft facré, qu'elles puniffent
les coupables, & que leur exécution tranquille
peut feule affermir la Conftitution.

Il eft bien confolant pour nous, Meffieurs,
de penfer que d'une extrémité de la France à
l'autre, réunis par le plus pur patriotifme,
nous allons tous travailler à éviter les maux
dont nous menacent les ennemis du bien public.
C'eft dans ce moment de crife que nous devons
être fiers de former cette fainte coalition
d'Amis de la Conftitution. Prêtres & mif-
fionnaires de la liberté, jurons de nouveau

d'être toujours fidèles à son culte, & de la défendre contre les attaques des fauteurs du despotisme.

Nous sommes très - fraternellement, Messieurs, vos très - humbles & très - obéissans serviteurs.

Imprimé par ordre de la Société.

Paris, ce Dimanche 9 janvier 1791, l'an deuxième.

Signé VICTOR BROGLIE, *Président ;* VILLARS, Alexandre BEAUHARNOIS, G. BONNECARRERE, VOIDEL, *Secrétaires.*

DISCOURS

DU PÈRE RHÉTORICIEN

DU COLLÉGE DE L'ORATOIRE

DU MANS,

Lors de sa Prestation de Serment.

MESSIEURS,

EMBRASÉS depuis long-tems du feu sacré du Patriotisme ; Partisans zélés d'une Constitution immortelle, comme la raison dont elle est émanée, nous nous sommes contentés jusqu'à présent de l'admirer en silence, & de former des vœux pour sa réussite.

Aujourd'hui, la Loi parle, la Loi nous interpelle : nous nous faisons un devoir de comparoître, & de rendre publiquement, à cette Constitution sublime, l'hommage pur que nous lui avons tant de fois rendu en particulier.

Nous n'entreprendrons point, MESSIEURS, d'en faire ici l'éloge : nos expressions ne peindroient que foiblement les avantages qu'elle nous assure. Notre but est simplement d'exposer, en peu de mots, les motifs qui nous ont déterminé à prêter le Serment Civique.

Trop peu versés, peut-être, dans les matières de Théologie, parce que la nature de nos fonctions nous prescrit d'autres études, mais non assez téméraires, pour nous engager dans une démarche si importante, sans l'avoir auparavant mûrement & scrupuleusement examinée, nous affirmons, à la face du Dieu de vérité, que jamais nous n'avons cru ni la Foi attaquée, ni la Religion violée, ni l'autorité de l'Eglise renversée.

Oui, MESSIEURS, inviolablement attachés à la Religion de nos Pères, nous disons hautement, & nous tenons à honneur de dire que, si nos Augustes Législateurs y eussent porté la moindre atteinte, malgré notre respect, malgré notre soumission, malgré notre admiration pour le reste de leurs Travaux, nous n'eussions point balancé, & le Serment n'eût point été prêté !

Mais, nous le répétons, nous ne voyons dans les moyens adoptés par l'Assemblée Nationale, que les mefures les plus fages, que les précautions les plus juftes, pour faire revivre dans l'Eglife de Jefus-Chrift, fa première fplendeur, & fon ancienne pureté.

La démarcation des Diocèfes nous a paru la voie la plus heureufe de rendre plus égale la répartition des Fidèles à inftruire, & d'établir une communication plus facile entre les Pafteurs & leurs troupeaux.

S'il eft vrai, comme les Annales Eccléfiaftiques en font foi, que le Peuple, dans les fiècles les plus floriffans de la Religion, ait lui-même nommé fes Pafteurs, pourquoi trouveroit-on mauvais qu'on lui rende aujourd'hui ce même droit, la plus belle, la plus précieufe des prérogatives qu'il pût recouvrer ?

Et, s'il eft vrai encore que la voix du Peuple foit la voix de Dieu, pouvons-nous craindre que fon choix ne foit éclairé & guidé par la prudence & la juftice ? Et, ne fommes-nous pas pleinement raffurés à cet égard, lorfque c'eft à fon choix que nous devons des Adminiftrateurs & des Magiftrats, actifs, vigilans, défintéreffés, vrais Citoyens, vrais Patriotes, n'ayant d'autre but que l'affermiffement de la Loi, d'autre defir que la reftauration du bonheur public ?

C'eft donc à tort que l'on nous menace de la fubverfion totale de la Foi. Car, nous le demandons, les Fonctions que nos Pafteurs exerceront , ne feront-elles pas les mêmes fonctions qui ont été exercées depuis l'établissement du Christianisme ? Ne recevront-ils pas toujours la même Ordination ? l'Evangile qu'ils nous expliqueront , la Morale qu'ils nous prêcheront , les Sacremens qu'ils nous administreront , ne feront-ils pas toujours le même Evangile , la même Morale , les mêmes Sacremens ? Et , peut-on nous citer un seul Décret de l'Assemblée Nationale qui ait supprimé un seul article du Symbole , ou qui ait retranché une seule des obligations que nous avons à remplir envers Dieu & envers les Hommes ?

On nous oppose , comme une raison déterminante à ne point prêter le Serment , la résistance , & l'exemple d'une infinité d'Évêques & d'Ecclésiastiques.

Leur autorité sans doute est d'un grand poids ; mais n'a-t-elle pas dû perdre de son prix & de son influence , depuis qu'on a vu la plus grande partie du Clergé acharnée à persécuter les plus beaux génies du siècle dernier ; à poursuivre sans relâche des Hommes vertueux , si exemplaires par l'austérité & la régularité de leurs mœurs ; si utiles à la Patrie & à la Religion , par l'étendue de leurs lumières & l'immensité de leurs travaux ? depuis qu'on l'a vue intriguer auprès du Saint Siége , & en extorquer enfin la fatale permission d'interdire aux ames pieuses la lecture de ces livres édifians , où l'on retrouve

(11)

les sentimens de la piété la plus vive & la
plus tendre, la morale la plus pure, la Doc-
trine la plus saine, appuyée, prouvée, con-
firmée par les maximes de l'Evangile & les
passages des Saints Pères ?

Or, si l'on ne peut attribuer ces démarches
vexatoires & tyranniques à l'esprit de la
Religion, qui est un esprit de paix, de
douceur, de justice ; qui ne connoît ni in-
trigue, ni cabale, ni persécutions, c'est donc
à l'esprit de Parti qu'il faut s'en prendre. Et,
ce funeste esprit de Parti, qui a fait tant de
ravages, & qui a causé à l'Eglise les calamités
les plus sensibles, pouvons-nous nous dissimuler qu'il n'en reste encore des traces ?
Pouvons-nous nous dissimuler qu'il ne soit,
chez plusieurs, la cause de leur obstination
à ne pas obéir à la Loi ? Pouvons-nous nous
le dissimuler sur-tout, lorsque de toutes les
parties de ce vaste Empire, nous voyons tant
d'Ecclésiastiques vertueux, respectables,
éclairés, prêter le Serment Civique, avec
tout l'enthousiasme qu'inspire le Patriotisme,
& la sécurité qui naît d'une bonne conscience ?

A Dieu ne plaise que nous prétendions
inculper personne ! A Dieu ne plaise que
nous cherchions à prévenir les esprits contre
les Ecclésiastiques opposans ! Non, MESSIEURS,
nous sommes trop justes, pour ne pas res-
pecter les motifs de leur silence, & pour ne
pas rendre, en particulier, au Clergé de ce
Diocèse, le tribut de louanges que lui ont

mérité, dans tous les tems, ſes vertus, ſes lumières & ſon zèle.

Malgré la pureté de nos intentions, nous ſavons ce à quoi nous expoſe notre démarche ; nous ſavons qu'aux yeux de certaines per- ſonnes gangrenées de fanatiſme, il n'y aura point de milieu pour nous, dans leur opi- nion, entre l'ignorance & l'impiété. Mais, fiers de l'hommage ſolennel que nous rendons à la Loi ; fiers de l'obéiſſance que nous allons lui jurer ; forts du témoignage de notre conſcience, nous ſaurons braver les vaines clameurs de la calomnie & de la méchanceté ; & la douce ſatisfaction d'être reſtés fermes dans nos principes, & d'avoir rempli un devoir cher à nos cœurs, ſera pour nous une récompenſe bien plus précieuſe que les applaudiſſemens que nous eût ſans doute attirés notre rétractation.

DISCOURS

DES DÉPUTÉS DE LA SOCIÉTÉ

DES AMIS DE LA CONSTITUTION

DU MANS,

A MM. LES PROFESSEURS

DU COLLÉGE DE L'ORATOIRE DU MANS,

Qui ont prêté le Serment.

MESSIEURS,

LA louange, qui ne doit être que le prix de la vertu & du mérite, fut long-tems le tribut de nos oppreſſeurs : cet hommage, pour avoir été prodigué à des perſonnes qui en étoient indignes , avoit perdu ce qu'il avoit de flatteur pour une ame pure ; & souvent il étoit plutôt un outrage , qu'une récompense pour ceux qui le recevoient. Aujourd'hui que les distinctions chimériques n'existent plus parmi les Citoyens ; que la liberté a rapproché tous les hommes ; qu'ils jouissent des mêmes droits, une louange juste & éclairee est une palme que tout Français sera jaloux de mériter.

Nous venons , MESSIEURS, pour vous témoigner que la Société des Amis de la Constitution de cette Ville n'a pu lire, sans une vive émotion , le Discours Patriotique que vous avez prononcé publiquement. Elle y a remarqué des principes parfaitement conformes à ceux qu'elle a juré de professer toute sa vie ; énoncés avec une mâle vigueur, qui prouve que ces principes sont gravés dans vos cœurs , en traits de feu. Si vos Confrères n'ont point imité un exemple aussi touchant , plaignons leur erreur ! elle est coupable , sans doute ; mais nos ames sont assez généreuses pour l'oublier.

Votre Civisme , MESSIEURS, nous est un sûr garant que vous remplirez avec honneur , & dans l'esprit de la Révolution , la tâche qui vous est confiée. Notre Société se persuade que vous imprimerez , dans le cœur de vos jeunes élèves , le nom sacré de *Liberté* ; que vous leur apprendrez qu'ils ont une Patrie ; qu'ils doivent l'aimer , vivre & mourir pour elle. Vos Elèves n'iront plus fouiller dans la République Romaine , pour trouver des *Catons* ; ils auront ces modèles fous les yeux, & nous verrons dans vos Ecoles fe former des *Régulus*.

Imprimé par ordre de la Société des Amis de la Conftitution du Mans.

Signé , PHILIPPEAUX , Préfident ;

DROUARD , RICHARD , Secrétaires.

Au Mans. De l'Imprimerie de la Société des Amis de la Conftitution. 1791. Chez PIVRON , Imprimeur - Libraire.